Systemisch führen mit der Wunderfrage

Wie du als Führungskraft in Zeiten des Wandels

Visionen schaffst, Lösungen findest und

dein Team begeisterst.

Druck und Vertrieb im Auftrag der Autorin:
Buchschmiede von Dataform Media GmbH
Julius-Raab-Straße 8
2203 Großebersdorf
Österreich

www.buchschmiede.at – Folge deinem Buchgefühl!
Kontaktadresse nach EU-Produktsicherheitsverordnung:
info@buchschmiede.at

ISBN:
978-3-99181-450-4
978-3-99181-449-8

Printed in Austria

Wer etwas anderes haben will,
muss etwas anderes tun.

Um Veränderungen zu bewirken, müssen wir unsere Sichtweise und unser Handeln anpassen.

Paul Watzlawick

Inhaltsverzeichnis

DU MÖCHTEST „ETWAS ANDERES TUN"?

Beginne damit, dir vorzustellen, dass bereits ab morgen alles anders IST:

Ideen sprudeln, wo gerade noch nach Anweisungen gefragt wurde. Lösungen werden präsentiert, wo eben noch Probleme gewälzt wurden. Und du? Du bist weiterhin mit Herausforderungen konfrontiert, bist aber viel agiler und wirksamer.

Spulen wir noch einmal kurz zurück und werfen einen Blick auf einen typischen Führungsalltag. Kommt dir das bekannt vor?

> Du spürst Druck, Stress und Unsicherheit,
> brauchst aber Kreativität, Klarheit und Zuversicht.
>
> Du bist mit Krisen und Konflikten konfrontiert,
> möchtest aber Wachstum und Entwicklung fördern.
>
> Du erkennst zunehmende Komplexität und Instabilität,
> willst aber stabile, zukunftsfähige Strukturen schaffen.

Wie gelingt es, in Zeiten des Wandels wirksam zu führen?

Schon während meiner Zeit als Führungskraft und Krisenstabsmanagerin in der COVID-19-Pandemie habe ich nach einem Ansatz gesucht, der nicht nur auf dem Papier funktioniert, sondern Menschen inspiriert und Entwicklung ermöglicht. Als Unternehmensberaterin und im Rahmen meiner Ausbildung zur Coachin habe ich eine Antwort gefunden und sie wissenschaftlich untersucht.

Dieses Buch ist meine Masterthesis: eine empirische Untersuchung darüber, welchen Einfluss die Wunderfrage auf zentrale Leadership-Kompetenzen in Zeiten des Wandels hat. Untermauert durch Fakten, Forschung und gespickt mit vielen Informationen bietet es dir mehr als nur Erkenntnisse.

Es zeigt auf, welche Leadership-Kompetenzen in Zeiten des Wandels besonders wichtig sind. Es ist Inspirationsquelle und praktischer Leitfaden, und lädt dich ein, persönliche und organisationale Entwicklungen anzustoßen, mutig zu sein und Neues zu probieren.

Ich wünsche dir viel Freude beim Lesen meiner Masterthesis. Schreib mir gerne, warum du dir das Buch gekauft hast, was dich inspiriert hat oder was du bereits umgesetzt hast.

Wenn du jetzt gerade ein Anliegen hast und Unterstützung brauchst, bin ich für dich da. Gemeinsam decken wir Muster, Wechselwirkungen und Dynamiken auf. Das ermöglicht dir, komplexe Systeme zu durchschauen und Lösungswege zu entwickeln, die genau zu dir und deiner Situation passen.

Besuche mich unter
https://regina-braunsteiner.com/coaching/.

Ich freue mich darauf, dich bei deinem persönlichen und unternehmerischen Wachstum zu begleiten. Leadership beginnt mit Fragen, nicht mit irgendwelchen Fragen, sondern mit der Wunderfrage.

STARTE HIER UND JETZT

Masterthesis

Der Einfluss der Wunderfrage auf Leadership-Kompetenzen in Zeiten des Wandels

Das Kieler Beratungsmodell zur Förderung persönlicher und organisationaler Entwicklung

Regina Braunsteiner, LL.B. LL.M. MBA

Vorwort

Die Auseinandersetzung mit Coaching beschäftigt mich bereits seit vielen Jahren in meinen Rollen als Führungskraft, Krisenstabsmanagerin und Unternehmensberaterin. Dabei habe ich erfahren, wie hilfreich die Begleitung von Menschen ist.

Der Wunsch, Coaching auf einer fundierten Grundlage zu erlernen, motivierte mich zur Teilnahme am Coaching Professional Lehrgang der European Systemic Business Academy (E.S.B.A.).

Das Kieler Beratungsmodell hat mich dabei besonders durch seinen klaren Prozess und die wertschätzende Haltung gegenüber Kund:innen überzeugt. Es eröffnet nicht nur neue Denk- und Handlungsräume, sondern stellt auch hohe Anforderungen an eine systemisch-konstruktivistische Sichtweise und Flexibilität von Coachs. Besonders die darin verankerte Intervention der Wunderfrage hat mich durch ihre Einfachheit und ihre emotionale Kraft beeindruckt.

Die vorliegende Masterthesis untersucht den Einfluss der Wunderfrage auf zentrale Leadership-Kompetenzen in Zeiten des Wandels und überprüft die Hypothese, dass sie Führungskräfte bei der Krisenbewältigung unterstützt.

Angesichts globaler Krisen, wirtschaftlicher Unsicherheiten und der fortschreitenden Digitalisierung stehen Führungskräfte vor neuen Herausforderungen. Hinzu kommt der demografische Wandel, der das gleichzeitige Agieren unterschiedlicher Generationen in Organisationen mit sich bringt und neue Anforderungen an Leadership stellt.

Vor diesem Hintergrund wird ergänzend beleuchtet, ob und inwiefern die Wunderfrage im Kontext des Kieler Beratungsmodells derart bedeutende Wirkung entfaltet, dass sie zur Förderung persönlicher und organisationaler Entwicklung beitragen kann.

Mein besonderer Dank gilt Dr. Michael Tomaschek, MSc, dem Ausbildungsleiter der E.S.B.A. und seinem gesamten Team für die fachlich fundierte und engagierte Gestaltung des Lehrgangs. Ebenso möchte ich mich bei den Führungskräften bedanken, die durch ihre Teilnahme an der Untersuchung Einblicke in ihre Erfahrungen gegeben haben. Ihre Offenheit hat diese Masterthesis in besonderer Weise bereichert.

Regina Braunsteiner

1. Einleitung

In diesem Kapitel wird zunächst die Problemstellung erläutert, bevor die Zielsetzung, Forschungsfrage, Hypothese sowie das erkenntnisleitende Interesse vorgestellt werden. Darauf aufbauend wird das methodische Vorgehen beschrieben. Die Einleitung schließt mit einer Übersicht über den Aufbau der Arbeit ab.

1.1 Problemstellung

Die letzten Jahre waren von tiefgreifenden Umbrüchen geprägt. Globale Krisen wie die COVID-19-Pandemie, wirtschaftliche Unsicherheiten, geopolitische Spannungen und die fortschreitende Digitalisierung stellen Führungskräfte vor neue Herausforderungen. In dieser als VUCA- und zunehmend als BANI-Welt beschriebenen Realität reichen klassische Managementansätze nicht mehr aus, um wirksam zu agieren und Mitarbeiter:innen Orientierung und Richtung zu geben. Zudem verändert sich die Arbeitswelt durch den demografischen Wandel. Erstmals arbeiten bis zu fünf Generationen gleichzeitig in Organisationen – von den Babyboomern bis zur Generation Alpha. Jede Generation bringt eigene Werte, Verhaltensweisen und Erwartungen an Führung mit.

Es geht heute vermehrt darum, Visionen zu schaffen, Lösungen zu finden und rasch zu handeln. Führungskräfte sehen sich mit der Anforderung konfrontiert, innovative Ansätze zu bieten, mit denen sie die persönliche und organisationale Entwicklung fördern können, um zielgerichteter zu wirtschaftlich tragbaren Lösungen zu kommen.

1.2 Zielsetzung

Ziel dieser Masterthesis ist es, den Einfluss der Wunderfrage – einer Coaching-Intervention im Rahmen des Kieler Beratungsmodells – auf zentrale Leadership-Kompetenzen in Zeiten des Wandels zu untersuchen. Im Fokus steht dabei die Perspektive von Führungskräften, die bei Arbeitgebern in Österreich tätig sind. Dabei soll erhoben werden, welchen Einfluss die Wunderfrage nach dem Kieler Beratungsmodell auf Visionsfähigkeit, Lösungsorientierung und Handlungsfähigkeit hat, zentrale Leadership-Kompetenzen in Zeiten des Wandels, und ob sie bei der Bewältigung von Krisen unterstützt. Basierend darauf soll sichtbar gemacht werden, ob und inwiefern die Wunderfrage im Kontext des Kieler Beratungsmodells als Maßnahme zur Förderung persönlicher und organisationaler Entwicklung beitragen kann.

1.3 Forschungsfrage und Hypothese

Basierend auf der Problemstellung und der Zielsetzung behandelt diese Masterthesis folgende Forschungsfrage:

Welchen Einfluss hat die Wunderfrage nach dem Kieler Beratungsmodell auf die Entwicklung zentraler Leadership-Kompetenzen in Zeiten des Wandels?

Ergänzend wird folgende Hypothese überprüft:

Die Wunderfrage unterstützt Führungskräfte bei der Bewältigung von Krisen.

1.4 Erkenntnisleitendes Interesse

Als Coachin auf Basis meiner Gewerbeberechtigung „Unternehmensberatung einschließlich der Unternehmensorganisation“ mit langjährigen und umfangreichen Erfahrungen in verschiedenen Führungsfunktionen und als Krisenstabsmanagerin während der COVID-19-Pandemie verfolge ich das Ziel, die Wunderfrage nicht nur als bloße Intervention, sondern als strategisches Entwicklungsformat für Führungskräfte und Mitarbeiter:innen in Zeiten des Wandels zu positionieren.

Mein Interesse gilt der Frage, ob und inwiefern die Wunderfrage – an der Schnittstelle zwischen dem Kieler Beratungsmodell und der Entwicklung zentraler Leadership-Kompetenzen – eine derart bedeutende Wirkung entfaltet, dass sie zur Förderung persönlicher und organisationaler Entwicklung beitragen kann. In einer Zeit, in der Führungskräfte zunehmend mit Krisen, Konflikten, technologischem Wandel, organisatorischen Veränderungen und den unterschiedlichen Bedürfnissen und Erwartungen von verschiedenen Generationen konfrontiert sind, sehe ich es als zentrale Aufgabe, innovative Ansätze für Reflexion, Veränderungsbereitschaft und Wachstum zu schaffen.

1.5 Relevanz der Forschungsfrage

Coaching wird von Führungskräften und Organisationen als Instrument zur Entwicklung von Leadership-Kompetenzen eingesetzt. Jedoch fehlen empirische Untersuchungen darüber, welchen Einfluss die Wunderfrage auf zentrale Leadership-Kompetenzen hat, insbesondere in einer VUCA- und BANI-Welt. Die Forschungsfrage ist insofern relevant, als Führungskräfte heute mehr denn je auf Kompetenzen angewiesen sind, die sie im Umgang mit Veränderungen und Krisen stärken und sie befähigen, zukunfts- und lösungsorientiert zu handeln. Diese Masterthesis soll dazu beitragen, den Einfluss der Wunderfrage auf Leadership-Kompetenzen in Zeiten des Wandels im Kontext des Kieler Beratungsmodells nachvollziehbar und eine damit zusammenhängende Förderung von persönlicher und organisationaler Entwicklung sichtbar zu machen.

1.6 Methode

Zur Beantwortung der Forschungsfrage wurde ein qualitatives Forschungsdesign gewählt, das durch quantitative Elemente ergänzt wurde[1]. Dabei kam ein Online-Fragebogen zum Einsatz, der speziell für diese Masterthesis entwickelt wurde und anonym beantwortet werden konnte[2].

Der Fragebogen enthielt insgesamt zehn Fragen, die teilweise als Skalierungsfragen, Auswahlfragen und als offene Frage formuliert waren. Die erhobenen Daten wurden mittels qualitativer Inhaltsanalyse (für die offene Frage) und deskriptiver Statistik (für die Skalierungs- und Auswahlfragen) ausgewertet und interpretativ in Bezug auf die Forschungsfrage und Hypothese eingeordnet.

1.7 Aufbau der Arbeit

Für diese Masterthesis wurde folgender Aufbau gewählt:

1 Vgl. Döring, Nicola / Bortz, Jürgen (2016), S. 403.
2 Vgl. Döring, Nicola / Bortz, Jürgen (2016), S. 403.

	Vorwort
Kapitel 1	Einleitung
Kapitel 2	Die Wunderfrage als Leadership-Kompetenz im Wandel
Kapitel 3	Fazit
Kapitel 4	Quellverzeichnis
Kapitel 5	Abkürzungsverzeichnis
Kapitel 6	Abbildungsverzeichnis

Abb. 1: Aufbau der Arbeit

Nach dem Vorwort werden in Kapitel 1 einleitend die Problemstellung, Zielsetzung, Forschungsfrage und Hypothese, das erkenntnisleitende Interesse, die Relevanz der Forschungsfrage sowie das methodische Vorgehen und der Aufbau dieser Arbeit erläutert. In Kapitel 2 werden die zum Verständnis der Masterthesis erforderlichen Begriffe – VUCA-Welt, BANI-Welt, globale Krisen, Generationen, zentrale Leadership-Kompetenzen, Kieler Beratungsmodell und Wunderfrage – erläutert. Danach wird der Forschungsstand dargelegt, wobei zunächst Leadership-Coaching mit dem Kieler Beratungsmodell, dann die Wunderfrage und Leadership-Kompetenzen und darauf aufbauend die Schnittstelle Wunderfrage und Kieler Beratungsmodell zur Leadership-Entwicklung in Zeiten des Wandels erörtert werden. In Folge wird die empirische Untersuchung präsentiert. Kapitel 3 beantwortet die Forschungsfrage, überprüft die Hypothese, fasst die Erkenntnisse zusammen und liefert Handlungsempfehlungen sowie einen Ausblick auf weiterführende potenzielle Forschungsfelder. In Kapitel 4 findet sich das Quellverzeichnis, in Kapitel 5 das Abkürzungsverzeichnis und in Kapitel 6 das Abbildungsverzeichnis.

2. Die Wunderfrage als Leadership-Kompetenz im Wandel

Basierend auf der Einleitung werden in diesem Kapitel zunächst Begriffe erläutert, die für das Verständnis der Masterthesis essenziell sind, bevor der aktuelle Forschungsstand dargelegt wird. Im Anschluss daran wird die empirische Untersuchung, die Basis zur Beantwortung der Forschungsfrage und Überprüfung der Hypothese ist, präsentiert.

2.1 Definitionen

Im Folgenden werden die Begriffe VUCA-Welt, BANI-Welt, globale Krisen, Generationen, zentrale Leadership-Kompetenzen, Kieler Beratungsmodell und Wunderfrage erläutert.

2.1.1 VUCA-Welt

VUCA steht für Volatilität (**V**olatility), Unsicherheit (**U**ncertainty), Komplexität (**C**omplexity) und Ambiguität (**A**mbiguity). Der Begriff wurde erstmals 1987 vom U.S. Army War College verwendet, um die veränderte geopolitische Lage nach dem Ende des Kalten Krieges zu beschreiben[3]. Ein wesentlicher Treiber dieser VUCA-Rahmenbedingungen war der technologische Wandel. Das Aufkommen des Internets sowie Automatisierung und Digitalisierung haben die globale Vernetzung verstärkt und Entscheidungszyklen beschleunigt[4].

3 Vgl. Strobl, Herbert (2024), S. 264.

4 Vgl. Strobl, Herbert (2024), S. 264.

In der Unternehmenswelt beschreibt VUCA eine Realität, in der langfristige Planbarkeit abnimmt, Zusammenhänge schwerer durchschaubar werden und traditionelle Entscheidungslogiken an ihre Grenzen stoßen. Führungskräfte sind gefordert, flexibel, anpassungsfähig und zukunftsorientiert zu agieren – bei gleichzeitigem Mangel an verlässlichen Informationen und stabilen Rahmenbedingungen[5].

2.1.2 BANI-Welt

BANI steht für fragil (**B**rittle), ängstlich (**A**nxious), nichtlinear (**N**onlinear) und unverständlich (**I**ncomprehensible). Der Begriff wurde von Jamais Cascio, einem US-amerikanischen Zukunftsforscher, in seinem Artikel „Facing the Age of Chaos" im April 2020 erstmals publiziert[6]. In diesem Artikel ließ er erkennen, dass er keine vorübergehende Phase einer alltäglichen und beherrschbaren Instabilität meinte, sondern einen Paradigmenwechsel von der VUCA- zur BANI-Welt[7]. BANI beschreibt eine Welt, in der Strukturen plötzlich zusammenbrechen[8], Ängste Entscheidungen lähmen, Ursache-Wirkungs-Zusammenhänge sich auflösen und Ereignisse kaum mehr erklärbar erscheinen[9]. Die Entwicklung von Künstlicher Intelligenz, Machine Learning, die zunehmende digitale Transformation, aber auch soziotechnische Phänomene wie Shitstorms oder Deepfakes verstärken das Gefühl von Unberechenbarkeit

5 Vgl. Strobl, Herbert (2024), S. 264.
6 Vgl. https://medium.com/@cascio/facing-the-age-of-chaos-b00687b1f51d. 21.04.2025.
7 Vgl. Strobl, Herbert (2024), S. 265.
8 Vgl. Strobl, Herbert (2024), S. 266.
9 Vgl. https://medium.com/@cascio/facing-the-age-of-chaos-b00687b1f51d. 21.04.2025.

und Kontrollverlust. Führungskräfte sind gefordert, ein neues Mindset zu entwickeln[10], welches ihnen ermöglicht, handlungsfähig zu bleiben und rasch tragbare und zukunftsfähige Lösungen zu finden – Fähigkeiten, die mit klassischen Managementansätzen allein nicht mehr bewältigbar sind.

2.1.3 Globale Krisen

Globale Krisen bezeichnen komplexe, oft miteinander verknüpfte Entwicklungen auf politischer, ökologischer, gesellschaftlicher oder wirtschaftlicher Ebene, die große Unsicherheit auslösen und tiefgreifende Veränderungen nach sich ziehen. Laut dem "The Global Risks Report 2025", der sich auf die Ergebnisse der „Executive Opinion Survey 2024" stützt, werden von Führungskräften in Österreich die folgenden fünf Risiken als die wahrscheinlich größten Bedrohungen für das Land in den nächsten zwei Jahren gesehen: 1. Arbeitskräfte- und/oder Fachkräftemangel, 2. wirtschaftlicher Abschwung (Rezession, Stagnation), 3. gesellschaftliche Polarisierung, 4. Cyber-Unsicherheit und 5. extreme Wetterereignisse[11].

2.1.4 Generationen

Generationen werden als gesellschaftliche Kohorten verstanden, die eine Zeit der gemeinsamen prägenden Erfahrungen erlebt haben, Ansichten und Werte teilen und somit ähnliche Verhaltensmuster haben[12]. Aufgrund der prognostizierten Auswirkungen des demographischen Wandels werden in Zukunft

10 Vgl. Strobl, Herbert (2024), S. 266.
11 Vgl. World Economic Forum (2025), S. 83.
12 Vgl. Troger, Hermann (2019), S. 134.

im Arbeitsleben mehrere Generationen aufeinandertreffen[13]. In Literatur und Wissenschaft wird eine Einteilung in die Generation der Babyboomer:innen und in die Generationen X, Y und Z vorgenommen[14]. Seit 2010 rückt die Generation Alpha nach[15].

Die Generation der Babyboomer:innen wird als „Idealisten" bezeichnet, die als Nachkriegsgeneration den Kalten Krieg, Terrorakte und Krisen, aber auch den Aufschwung der Wirtschaft erlebte[16]. Vertreter:innen dieser Generation haben eine hohe Sozialkompetenz[17], sind neuen Technologien gegenüber unsicher und stehen auch Veränderungen eher skeptisch gegenüber[18]. Sie sind ihren Arbeitgebern gegenüber loyal[19], sie sind pflichtbewusst, hochmotiviert und können sich gut durchsetzen[20], mit *„leichter Tendenz zur Egozentrik*[21]*"*.

Die Generation X wird auch als „Digital Immigrants" bezeichnet, die in das Berufsleben zu Zeiten sozialer, politischer und wirtschaftlicher Unsicherheiten aufgrund verschiedener Wirtschaftskrisen eintrat[22]. Sie vertrauen ihren eigenen Kompetenzen[23], hegen ein gewisses Misstrauen gegenüber Autori-

13 Vgl. Baran, Engin (2018), S. 69.
14 Vgl. Barsch, Petra / Trachsel, Gabriele (2018), S. 178 ff.
15 Vgl. https://www.generation-thinking.de/post/generation-alpha-studie. 21.04.2025.
16 Vgl. Pfeil, Silko (2017), S. 65.
17 Vgl. Barsch, Petra / Trachsel, Gabriele (2018), S. 180; vgl. Troger, Hermann (2019), S. 125.
18 Vgl. Pfeil, Silko (2017), S. 66.
19 Vgl. Pfeil, Silko (2017), S. 66.
20 Vgl. Dahm, Markus H. / Esters, Lukas (2023), S. 7.
21 Pfeil, Silko (2017), S. 66.
22 Vgl. Dahm, Markus H. / Esters, Lukas (2023), S. 8; vgl. Troger, Hermann (2019), S. 126.
23 Vgl. Dahm, Markus H. / Esters, Lukas (2023), S. 8.

täten und Institutionen[24] und sind gegenüber unternehmerischen Veränderungen skeptisch[25]. Sie sind gut ausgebildet, zielstrebig[26] und schätzen es, wenn ihr technologisches Verständnis von ihren Arbeitgebern wertgeschätzt wird[27].

Vertreter:innen der Generation Y werden als „Digital Natives“ bezeichnet, weil sie als erste Generation digitale Technologien im Arbeitsalltag einsetzten[28]. Auch diese Generation erlebte Wirtschaftskrisen, genauso wie Börsencrashs[29] und hat *„den stetigen Wandel als „Status Quo“ anerkannt*[30]*“*. Sie vertrauen der Politik nur bedingt[31], sind bestens ausgebildet[32], kommunikativ und schätzen Feedback[33]. Sie sind sinn- und werteorientiert[34], lösungsorientiert[35] und reagieren auf Veränderungen flexibel[36]. Die digitale Welt erleben sie als eine Art Paralleluniversum[37].

---

24 Vgl. Pfeil, Silko (2017), S. 68.

25 Vgl. Troger, Hermann (2019), S. 126.

26 Vgl. Troger, Hermann (2019), S. 126; vgl. Dahm, Markus H. / Esters, Lukas (2023), S. 8.

27 Vgl. Dahm, Markus H. / Esters, Lukas (2023), S. 8.

28 Vgl. Troger, Hermann (2019), S. 127; vgl. Dahm, Markus H. / Esters, Lukas (2023), S. 9.

29 Vgl. Pfeil, Silko (2017), S. 67.

30 Pfeil, Silko (2017), S. 70.

31 Vgl. Troger, Hermann (2019), S. 127.

32 Vgl. Troger, Hermann (2019), S. 127.

33 Vgl. Pfeil, Silko (2017), S. 70.

34 Vgl. Pfeil, Silko (2017), S. 70; vgl. Dahm, Markus H. / Esters, Lukas (2023), S. 9.

35 Vgl. Pfeil, Silko (2017), S. 225.

36 Vgl. Pfeil, Silko (2017), S. 70; vgl. Barsch, Petra / Trachsel, Gabriele (2018), S. 181.

37 Vgl. Troger, Hermann (2019), S. 128.

Vertreter:innen der Generation Z werden als „Realisten", aber auch als *„die wahren „Digital Natives" betitelt*[38]". Diese Generation gilt – noch stärker als die Generation Y – als desillusioniert aufgrund der Wirtschafts- und Finanzkrisen, die sie geprägt haben[39]. Ihnen wird eine geringe Loyalität gegenüber ihren Arbeitgebern nachgesagt[40], sie vernetzten sich lieber und möchten frei arbeiten[41]. Aufgrund des digitalen Überangebotes, mit dem sie aufgewachsen sind, fällt es ihnen schwer, Entscheidungen zu treffen und sie haben Angst davor, falsche Entscheidungen zu treffen[42].

Die Generation Alpha ist die erste Generation, die von Geburt an durch technologische Kompetenz, aber auch durch die COVID-19-Pandemie geprägt ist[43]. Nachdem sie erst nach und nach in die Arbeitswelt eintreten wird, stehen fundierte Erkenntnisse über Vertreter:innen dieser Generation bislang noch aus.

2.1.5 Zentrale Leadership-Kompetenzen

Der "The Global Risks Report 2025" informiert nicht nur über die Risiken, sondern hebt auch Leadership-Kompetenzen hervor, die angesichts der wachsenden globalen Krisen als entscheidend angesehen werden. Es wird betont, dass es visionäre Leader:innen braucht und dringendes Handeln erforderlich

38 Dahm, Markus H. / Esters, Lukas (2023), S. 8.
39 Vgl. Troger, Hermann (2019), S. 128.
40 Vgl. Dahm, Markus H. / Esters, Lukas (2023), S. 10.
41 Vgl. Troger, Hermann (2019), S. 130.
42 Vgl. Dahm, Markus H. / Esters, Lukas (2023), S. 10.
43 Vgl. https://www.generation-thinking.de/post/generation-alpha-studie. 21.04.2025.

ist, um die potenziellen Risiken des nächsten Jahrzehnts anzugehen[44]. Darüber hinaus hebt der Report hervor, dass es nicht nur dringendes, sondern unverzügliches Handeln braucht[45] und er unterstreicht die Bedeutung, Lösungen nicht nur zu finden, sondern sie auch umzusetzen[46]. Diese Kompetenzen adressieren Visionsfähigkeit, Lösungsorientierung und Handlungsfähigkeit. Führungskräfte, die die Kraft der Vision nutzen, haben weniger Konflikte in der generationsübergreifenden Führung[47], Zukunfts- und Lösungsorientierung sind zentrale Resilienzfaktoren[48] und die eigenen Stärken zu kennen, steigert das Selbstvertrauen, die Zuversicht und damit die Handlungsfähigkeit[49].

2.1.6 Kieler Beratungsmodell

Das Kieler Beratungsmodell entstand in den 1980er-Jahren an der Universität Kiel durch die Zusammenarbeit von Dr. Uwe Grau, Professor für pädagogische Psychologie, seinem Assistenten Jens Möller, Jóhann Ingi Gunnarson, Trainer des Kieler Handball-Bundesligisten THW und Jürgen Hargens, systemischer Berater und Psychotherapeut[50]. Es ist ein spezielles Coaching-Setting, das aus dem Leistungssport kommt und schnell Anwendung in der Wirtschaft und im Management fand. Das Kieler Beratungsmodell basiert auf einem systemischen Denken in Zielen und Lösungen und dem

44 Vgl. World Economic Forum (2025), S. 4.
45 Vgl. World Economic Forum (2025), S. 25.
46 Vgl. World Economic Forum (2025), S. 25.
47 Vgl. Dahm, Markus H. / Esters, Lukas (2023), S. 33.
48 Vgl. Regele, Doris (2024), S. 160.
49 Vgl. Schober-Ehme, Herbert / Ehmer, Susanne (2024), S. 200.
50 Vgl. https://esba.eu/coaching/was-ist-coaching/. 21.04.2025.

erkenntnistheoretischen Ansatz des Konstruktivismus[51]. Im Mittelpunkt steht die Überzeugung, dass Menschen über Ressourcen und Kompetenzen verfügen, die sie zur Bewältigung von Herausforderungen aktivieren können.

Grundlage des Kieler Beratungsmodells ist der lösungsorientierte Ansatz der Kurztherapie von Steve de Shazer, Insoo Kim Berg und Peter de Jong[52]. Dabei geht es darum, in einem kooperativen, selektiven und transformativen Prozess zwischen Kund:innen und nicht-wissenden Coach:innen Lösungen zu finden, statt Probleme zu lösen[53]. Es geht also nicht darum, Ursachen zu erforschen, sondern hilfreiche, zielgerichtete Handlungsoptionen zu finden. Das gelingt im Dialog durch zuhören, auswählen und Lösungen finden.

Zuhören bedeutet für Coach:innen, die Äußerungen der Kund:innen genau zu hören, um Hinweise für mögliche Lösungen zu erhalten[54]. Auswählen bedeutet, aus den gefundenen Möglichkeiten jene auszuwählen, die zum gegebenen Zeitpunkt am gewinnbringendsten erscheinen. Lösungen finden bedeutet, Interventionen zu wählen, die es Kund:innen ermöglichen, eine lösungsorientierte Richtung einzuschlagen[55].

Gemeint ist damit auch, dass Coach:innen keine Expert:innen für die Anliegen der Kund:innen sind. Ihre Rolle wird als prozessbegleitend, wertschätzend, komplimentierend, ermutigend und ressourcenaktivierend verstanden.

---

51 Vgl. https://esba.eu/coaching/was-ist-coaching/. 21.04.2025.
52 Vgl. Bamberger, Günter G. (2022), S. 33.
53 Vgl. Hargens, Jürgen (2023), S. 108.
54 Vgl. Hargens, Jürgen (2023), S. 108.
55 Vgl. Hargens, Jürgen (2023), S. 108.

2.1.7 Die Wunderfrage

Die Wunderfrage ist eine zentrale Intervention des lösungsorientierten Coachings, die von Steve de Shazer als Abwandlung der Kristallkugel-Technik entwickelt wurde[56]. Während die Kristallkugel-Technik, die von Milton Erickson stammt, Kund:innen in eine hypnotische Trance versetzt[57], regte Steve de Shazer Kund:innen zum Träumen an:

Stellen Sie sich vor, über Nacht geschieht ein Wunder – und das Problem, das Sie gerade beschäftigt, ist gelöst. Woran würden Sie am nächsten Tag als Erstes merken, dass sich etwas verändert hat?[58]

Damit fangen Kund:innen an, zuerst darüber nachzudenken, was sie anders haben möchten, also was anders sein wird in Zukunft, bevor sie darüber nachdenken, wie sie dorthin kommen[59]. Der Nutzen daraus ist, dass Kund:innen beginnen, *„über die größtmögliche Bandbreite von Möglichkeiten nachzudenken*[60]*"*. Die Wunderfrage unterstützt Kund:innen, sich auf eine wünschenswerte Zukunft zu fokussieren[61] und sich vorzustellen, *„wie ihr Leben sich verändert haben wird, wenn das Problem gelöst ist*[62]*"*. Die Wunderfrage wird eingesetzt, um die Aufmerksamkeit der Kund:innen auf lösungsorientierte Zukunftsperspektiven zu lenken – also weg vom aktuellen

56 Vgl. Bamberger, Günter G. (2022), S. 33.
57 Vgl. Bamberger, Günter G. (2022), S. 33.
58 Vgl. Hargens, Jürgen (2023), S. 157.
59 Vgl. Hargens, Jürgen (2023), S. 145.
60 Vgl. Hargens, Jürgen (2023), S. 157.
61 Vgl. Hargens, Jürgen (2023), S. 157.
62 Vgl. Hargens, Jürgen (2023), S. 157.

Problem[63]. Ziel der Wunderfrage ist es, einen inneren Bildraum zu öffnen, in dem Lösungen sichtbar und emotional spürbar werden. Diese Lösungsorientierung lenkt den Fokus auf gewünschte Ergebnisse und die Aufmerksamkeit auf bereits vorhandene oder potenziell nutzbare Ressourcen[64]. Das unterstützt Führungskräfte dabei, sich auf ihre Ziele und Stärken zu fokussieren, statt sich in der Analyse von Problemen zu verlieren.

2.2 Forschungsstand

Basierend auf dem theoretischen Rahmen wird nachfolgend der Forschungsstand erhoben.

2.2.1 Leadership-Coaching mit dem Kieler Modell bei Veränderungen

Coaching wird von Führungskräften aller Hierarchieebenen und unabhängig von Branchen und Unternehmensgrößen eingesetzt[65]. Zu den fünf zentralen Coaching-Themen zählen die Reflexion und Entwicklung der Führungsrolle, Konfliktmanagement, Potenzialanalyse und -entwicklung, die Entwicklung von Führungskompetenzen sowie persönliches Wachstum und Selbstentwicklung. Weitere Coaching-Themen sind Resilienzstärkung, Changemanagement, Entscheidungsfindung und

63 Vgl. Bamberger, Günter G. (2022), S. 96.
64 Vgl. https://brightinventions.pl/blog/how-to-develop-solution-oriented-mindset-in-your-life-and-in-your-team/. 21.04.2025.
65 Vgl. https://www.rauen.de/coaching-report/coaching-marktanalyse.html. 21.04.2025.

Bewältigung von Krisen[66]. Metaanalysen zeigen, dass Coaching wirkt[67], wenngleich der Wirkfaktor von der Art der Intervention abhängt[68]. Das Kieler Beratungsmodell wird zu den unterschiedlichsten Anliegen im Zusammenhang mit Coaching-Themen eingesetzt. Es bildet die Grundlage der Aus- und Weiterbildungsmaßnahmen der E.S.B.A zur Entwicklung von Kompetenzen für den beruflichen und persönlichen Erfolg. Wie in Sub-Kapitel 2.1.6 aufgezeigt, basiert das Kieler Beratungsmodell auf einem ziel- und handlungsorientierten, zukunftsgerichteten, systemisch-lösungsorientierten sowie ressourcenaktivierenden Ansatz.

2.2.2 Wunderfrage und Leadership-Kompetenzen im Wandel

In Sub-Kapitel 2.1.7 wurde festgehalten, dass die Wunderfrage nicht nur eine zentrale Intervention des Coachings ist, sondern auf Lösungs- und Zukunftsorientierung abzielt. Der Fokus wird dabei auf bereits vorhandene oder potenziell nutzbare Ressourcen gelenkt, damit Kund:innen mit einem emotional förderlichen Zustand ins Handeln kommen. Eine im Coaching am häufigsten eingesetzte Intervention ist „Fragen stellen", wenngleich keine Hinweise vorliegen, ob die Wunderfrage angewendet wird[69].

---

66 Vgl. https://www.rauen.de/coaching-report/coaching-marktanalyse.html. 21.04.2025.

67 Vgl. https://www.rauen.de/coaching-report/coaching-marktanalyse.html. 21.04.2025.

68 Vgl. Kotte, Silja, et al (2016), Zusammenfassung und Fazit.

69 Vgl. https://www.rauen.de/coaching-report/coaching-marktanalyse.html. 21.04.2025.

In Sub-Kapitel 2.1.5 wurden Visionsfähigkeit, Handlungsfähigkeit und Lösungsorientierung als zentrale Leadership-Kompetenzen in Zeiten des Wandels adressiert. Kompetenzen, die für Führungskräfte essenziell sind, um flexibel, anpassungsfähig und zukunftsorientiert zu agieren und ein neues Mindset zu entwickeln, um handlungsfähig zu bleiben, wie in den Sub-Kapitel 2.1.1 und 2.1.2 aufgezeigt wurde. Das zeigt sich als erforderlich, um die in Sub-Kapitel 2.1.3 aufgezeigten globalen Risiken zu managen und die in Sub-Kapitel 2.1.4 skizzierten unterschiedlichen Bedürfnisse und Erwartungen der verschiedenen Generationen zu erfassen und angemessen darauf zu reagieren.

2.2.3 Schnittstelle Wunderfrage und Kieler Modell zur Entwicklung von Leadership-Kompetenzen in Zeiten des Wandels

Die Gesamtschau der in Sub-Kapitel 2.1.1 bis 2.1.7 erhobenen Grundlagen zeigt auf, dass die Wunderfrage das Potenzial hat, Visionsfähigkeit, Lösungsorientierung und Handlungsfähigkeit als zentrale Leadership-Kompetenzen in Zeiten des Wandels zu beeinflussen und bei der Bewältigung von Krisen zu unterstützen. In der wissenschaftlichen Literatur finden sich zwar Untersuchungen zur Wirksamkeit von Coaching-Interventionen, doch es liegen bislang keine Erkenntnisse darüber vor, welchen Einfluss die Wunderfrage auf die Entwicklung zentraler Leadership-Kompetenzen in Zeiten des Wandels hat und ob sie bei der Krisenbewältigung unterstützt. Diese Beobachtung deutet auf eine Forschungslücke hin. Da eine fundierte Aussage über den Einfluss der Wunderfrage auf zentrale Leadership-Kompetenzen in Zeiten des Wandels fehlt, konnte bislang auch nicht sichtbar gemacht, ob und inwiefern die Wunderfrage – an der Schnittstelle zwischen dem Kieler Beratungsmodell und der Entwicklung zentraler Leadership-Kompetenzen – eine derart bedeutende Wirkung entfaltet, dass sie zur Förderung persönlicher und organisationaler Entwicklung beitragen kann.

2.3 Empirische Untersuchung

Ziel der empirischen Untersuchung ist es, Erkenntnisse über den Einfluss der Wunderfrage auf die Entwicklung zentraler Leadership-Kompetenzen in Zeiten des Wandels zu gewinnen und zu klären, ob sie zur Krisenbewältigung beiträgt.

2.3.1 Datendurchführung

Die Befragung richtete sich an vierzehn Führungskräfte, die bei Arbeitgebern in Österreich tätig sind, Coaching nach dem Kieler Beratungsmodell erlebt haben und bei denen die Wunderfrage als Intervention eingesetzt wurde. Für die Ansprache wurde die Du-Form gewählt, da mit allen Führungskräften ein respektvolles und wertschätzendes Gesprächsklima existiert.

2.3.2 Datenanalyse

Nachdem die Führungskräfte den Fragebogen beantwortet hatten, wurden die übermittelten Daten analysiert. Die Antworten auf die offene Frage wurden einige Male gelesen, um die Aussagen genau zu erfassen[70].

---

70 Vgl. Döring, Nicola / Bortz, Jürgen (2016), S. 544.

Forschungsfrage Nr. 1: Inwieweit stärkt die Anwendung der Wunderfrage deine Fähigkeit, als Führungskraft klare und überzeugende Visionen zu entwickeln?

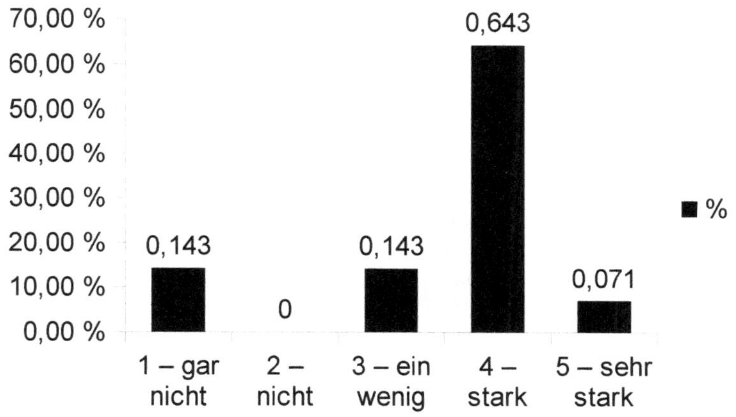

Abb. 2: Forschungsfrage Nr. 1

Eine Führungskraft gab an, dass die Anwendung der Wunderfrage ihre Fähigkeit zur Entwicklung klarer und überzeugender Visionen sehr stark stärkt (7,1 %). Neun Führungskräfte ordneten die Fähigkeit zur Visionsentwicklung als stark ein (64,3 %), was in etwa einer Zweidrittelmehrheit der befragten Führungskräfte entspricht. Je zwei Führungskräfte bewerteten die Entwicklung ihrer Visionsfähigkeit mit ein wenig (14,3 %) bzw. gar nicht (14,3 %). Keine Führungskraft gab an, durch die Anwendung der Wunderfrage in der Visionsentwicklung nicht gestärkt zu werden (0 %).

<u>Forschungsfrage Nr. 2:</u> Inwieweit versetzt dich die Anwendung der Wunderfrage in die Lage, Organisationen (Abteilungen, Bereiche, Standorte etc.) zu entwickeln?

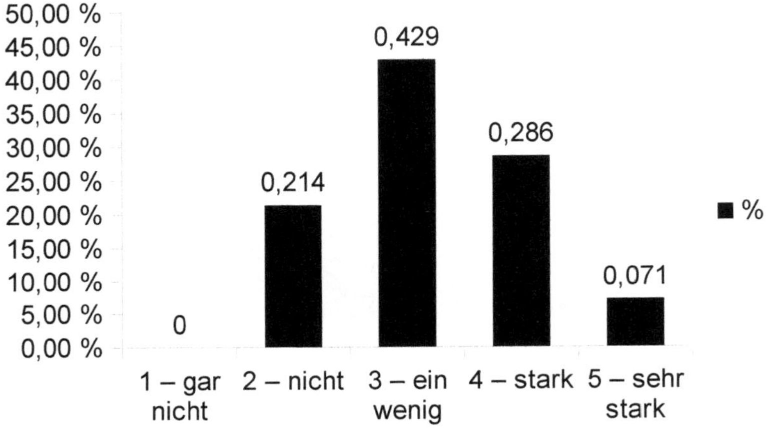

Abb. 3: Forschungsfrage Nr. 2

Das Antworten auf diese Frage lieferte eine differenzierte Sicht darauf, inwieweit die Anwendung der Wunderfrage Führungskräfte in die Lage versetzt, Organisationen zu entwickeln. Einerseits bewertete eine Führungskraft diese Möglichkeit der Entwicklung als sehr stark (7,1%), andererseits bewerteten drei Führungskräfte sie als nicht vorhanden (21,4 %). Die anderen zehn Führungskräfte sehen sich durch die Anwendung der Wunderfrage in die Lage versetzt, Organisationen zu entwickeln, wobei vier Führungskräfte diese Fähigkeit als stark (28,6 %) und sechs Führungskräfte als ein wenig (42,9 %) einordnen. Keine Führungskraft gab an, gar nicht in die Lage versetzt zu werden (0 %).

Forschungsfrage Nr. 3: Wie stark lenkt die Wunderfrage deinen Fokus auf Lösungsansätze statt auf Probleme?

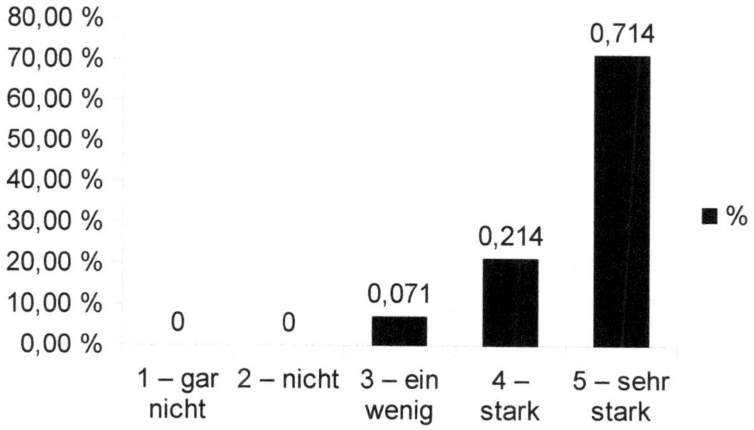

Abb. 4: Forschungsfrage Nr. 3

Während eine Führungskraft angab, dass die Anwendung der Wunderfrage ihren Fokus ein wenig auf Lösungsansätze statt Probleme lenkt (7,1 %), gaben drei Führungskräfte an, dass ihr Fokus stark (21,4 %) und zehn Führungskräfte gaben an, dass ihr Fokus sehr stark (71,4 %) auf Lösungsansätze gelenkt wird. Keine Führungskraft gab an, dass ihr Fokus nicht oder gar nicht auf Lösungsansätze gelenkt wird (0 %).

Forschungsfrage Nr. 4: In welchen Situationen nutzt du die Wunderfrage?

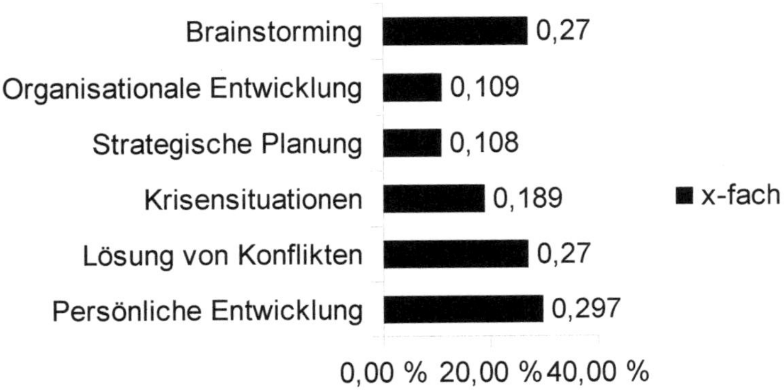

Abb. 5: Forschungsfrage Nr. 4

Bei dieser Frage waren Mehrfachantworten möglich, wobei eine Zeile zur ergänzenden Angabe eines eigenen Anwendungsfeldes vorhanden war. Spitzenreiter bei der Frage, in welchen Situationen die Wunderfrage von Führungskräften genutzt wird, waren der Bereich der persönlichen Entwicklung (29,7 %) und die Lösung von Konflikten (27%), ergänzend wurde Brainstorming (27 %) genannt. Die Anwendung bei Krisensituationen (18,9 %) schloss an, hingegen zeigte sich ein deutlicher Abstand zu den Spitzenreitern bei den Anwendungsfeldern strategische Planung (10,8 %) und organisationale Entwicklung (10,8 %).

Forschungsfrage Nr. 5: Wie häufig entstehen durch die Wunderfrage konkrete Lösungsansätze?

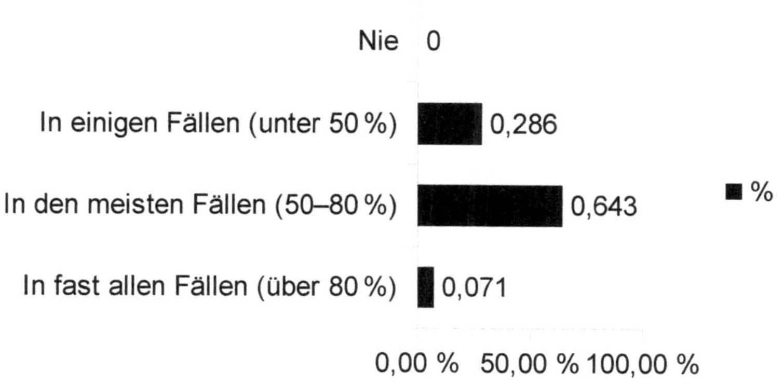

Abb. 6: Forschungsfrage Nr. 5

Neun Führungskräfte gaben an, dass durch die Wunderfrage in 50 - 80 %, also in den meisten Fällen (64,3 %), konkrete Lösungsansätze entstehen, vier Führungskräfte gaben an, dass bei ihnen unter 50 %, also in einigen Fällen (28,6 %), konkrete Lösungsansätze entstehen, und eine Führungskraft (7,1 %) gab an, dass in über 80 %, also in fast allen Fällen, durch die Anwendung der Wunderfrage konkrete Lösungsansätze entstehen. Im Ergebnis entstand bei jeder befragten Führungskraft ein konkreter Lösungsansatz.

<u>Forschungsfrage Nr. 6:</u> Wie nachhaltig (langfristig) schätzt du die durch die Wunderfrage gewonnenen Lösungen ein?

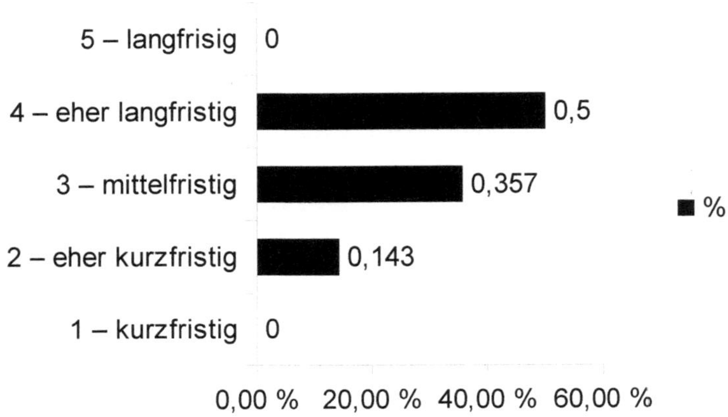

Abb. 7: Forschungsfrage Nr. 6

Während zwei Führungskräfte (14,3 %) die durch die Wunderfrage gefundenen Lösungen als eher kurzfristig einschätzten, bewerteten fünf Führungskräfte (35,7 %) die Nachhaltigkeit als mittelfristig und sieben Führungskräfte (50 %) als eher langfristig. Keine Führungskraft schätzte die Nachhaltigkeit als kurzfristig oder langfristig ein (0 %).

Forschungsfrage Nr. 7: Welche konkreten Veränderungen hast du bei dir bemerkt, nachdem du die Wunderfrage angewendet hast?

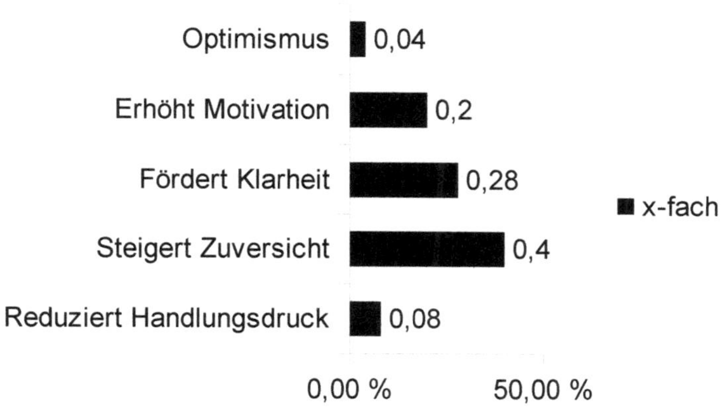

Abb. 8: Forschungsfrage Nr. 7

Bei dieser Frage waren Mehrfachantworten möglich, wobei auch hier eine Zeile zur ergänzenden Angabe eines eigenen Anwendungsfeldes vorhanden war. Die konkreten Veränderungen, die Führungskräfte bei sich selbst bemerkt haben, nachdem sie die Wunderfrage angewendet haben, waren: Steigerung von Zuversicht (40 %), Förderung von Klarheit (28 %), eine erhöhte Motivation (20 %) sowie eine Reduzierung des Handlungsdruckes (8 %). Ergänzend wurde angegeben, dass nach Anwendung der Wunderfrage der Blick für eine weitere Lösungssuche geschärft wurde und die Anwendung der Wunderfrage zu einer optimistischeren Grundhaltung (4 %) führte.

Forschungsfrage Nr. 8: Welche konkreten Veränderungen hast du bei deinem Team bemerkt, nachdem du die Wunderfrage angewendet hast?

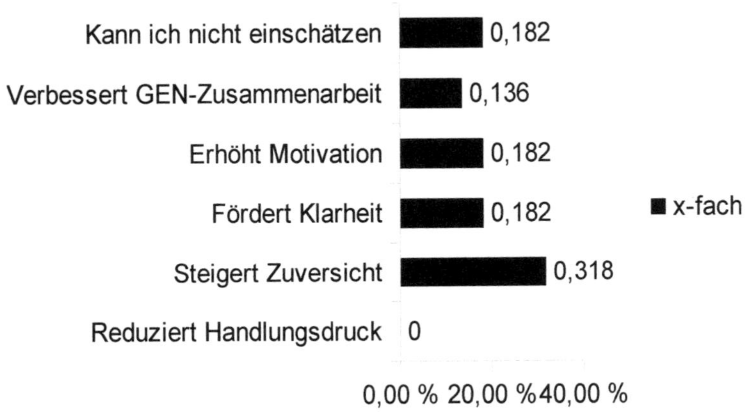

Abb. 9: Forschungsfrage Nr. 8

Auch bei dieser Frage waren Mehrfachantworten möglich, wobei kein Feld zur ergänzenden Angabe eines eigenen Anwendungsfeldes vorhanden war. Die konkreten Veränderungen, die Führungskräfte bei ihren Mitarbeiter:innen bemerkten, nachdem sie die Wunderfrage angewendet haben, waren: Steigerung von Zuversicht (31,8 %), Förderung von Klarheit (18,2 %), erhöhte Motivation (18,2 %) und eine Verbesserung in der generationsübergreifenden Zusammenarbeit (13,6 %). Einige Führungskräfte konnten die Veränderungen nicht einschätzen (18,2 %), und keine Führungskraft gab als konkrete Veränderung beim Team eine Reduzierung des Handlungsdruckes an (0 %).

Forschungsfrage Nr. 9: Welche Leadership-Kompetenzen werden durch die Anwendung der Wunderfrage deiner Einschätzung nach gestärkt?

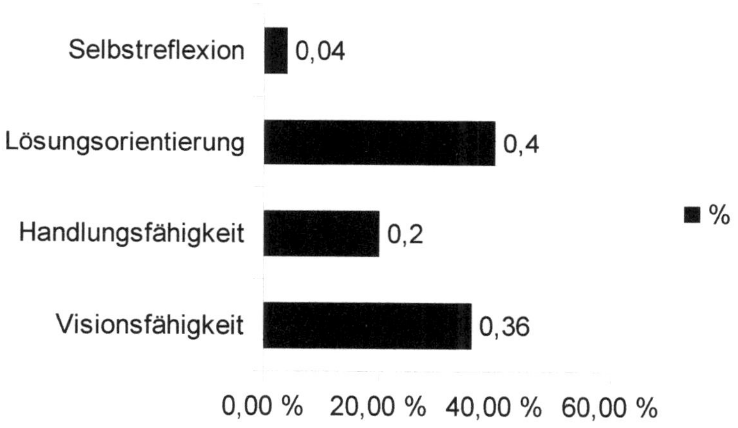

Abb. 10: Forschungsfrage Nr. 9

Bei dieser Frage waren wieder Mehrfachantworten möglich, wobei eine Zeile zur ergänzenden Angabe eines eigenen Anwendungsfeldes vorhanden war. Bei der Beantwortung der Frage, welche Leadership-Kompetenzen durch die Anwendung der Wunderfrage gestärkt werden, zeigte die Einschätzung der Führungskräfte eine klare Zuordnung zu Lösungsorientierung (40 %) und Visionsfähigkeit (36%). Die Handlungsfähigkeit als Leadership-Kompetenz wurde im Vergleich mit Lösungsorientierung und Visionsfähigkeit nur in etwa halb so stark eingeschätzt (20 %). Als ergänzende Leadership-Kompetenz wurde Selbstreflexion (4 %) genannt.

Forschungsfrage Nr. 10: Bitte gib ein Beispiel an, wie dir die Anwendung der Wunderfrage in Zeiten des Wandels bereits geholfen hat. Beschreibe kurz, welche Situation vorlag und was sich durch die Wunderfrage konkret verändert hat (z. B. klarere Ziele, neue Geschäftsmodelle, veränderte Denk- und Handlungsweisen, verbesserte generationenübergreifende Zusammenarbeit).

Die befragten Führungskräfte nannten unterschiedlichste Situationen, in denen sie die Wunderfrage in Zeiten des Wandels angewendet hatten und berichteten von ihren konkreten Veränderungen. Die Analyse zeigt, dass die Anwendung der Wunderfrage in verschiedenen Kontexten zu einer gezielten Fokussierung auf Lösungen sowie zur Aktivierung individueller und kollektiver Ressourcen geführt hat. Die Führungskräfte haben beschrieben, wie sie in zunächst als ausweglos empfundenen Situationen neue Handlungsmöglichkeiten erkennen und nutzen konnten – etwa durch Stärkung der Selbstreflexion, Aktivierung teaminterner Lösungskompetenz oder Förderung der generationenübergreifenden Zusammenarbeit.

In Veränderungsprozessen wie SAP-Einführungen, Reorganisationsprojekten oder abteilungsübergreifenden Abstimmungen ermöglichte die Wunderfrage eine strukturierte Herangehensweise, bei der Zukunftsbilder konkretisiert und darauf aufbauend tragfähige Schritte entwickelt wurden. Auch bei konfliktbehafteten Themen – etwa im Umgang mit Kommunikationsproblemen, Leistungsanforderungen oder schwierigen Personalentscheidungen – unterstützte die Wunderfrage die Führungskräfte dabei, Klarheit über die eigene Haltung zu gewinnen und konstruktiv mit ihren Teams zu agieren.

3. Fazit

Basierend auf den einleitenden Erkenntnissen, dem theoretischen Rahmen und der empirischen Untersuchung werden nachfolgend die Forschungsfrage beantwortet und die Hypothese überprüft. In Folge werden die Erkenntnisse zusammengefasst, Handlungsempfehlungen formuliert und ein Ausblick auf weiterführende potenzielle Forschungsfelder präsentiert.

3.1 Beantwortung der Forschungsfrage, Überprüfung der Hypothese

Gemäß der theoretischen Herleitung und der empirischen Untersuchung konnte festgestellt werden, dass die Wunderfrage nach dem Kieler Beratungsmodell einen deutlichen Einfluss auf die Entwicklung zentraler Leadership-Kompetenzen in Zeiten des Wandels hat. Die Hypothese, dass die Wunderfrage Führungskräfte bei der Bewältigung von Krisen unterstützt, konnte im Rahmen dieser Masterthesis bestätigt werden.

Aufgrund der Untersuchung konnte auch sichtbar gemacht werden, dass die Wunderfrage – an der Schnittstelle zwischen dem Kieler Beratungsmodell und der Entwicklung zentraler Leadership-Kompetenzen – eine so bedeutende Wirkung entfaltet, dass sie zur Förderung persönlicher und organisationaler Entwicklung beiträgt. Ihre Anwendung schafft innovative Ansätze für Reflexion, Veränderungsbereitschaft und Wachstum und unterstützt Führungskräfte im Umgang mit Komplexität und Fragilität.

3.2 Zusammenfassung der Erkenntnisse

Nachfolgend werden die Erkenntnisse zum Einfluss der Wunderfrage nach dem Kieler Beratungsmodell auf die zentralen Leadership-Kompetenzen Visionsfähigkeit, Lösungsorientierung und Handlungsfähigkeit und auf die Bewältigung von Krisen dargestellt. Basierend darauf wird sichtbar gemacht, dass die Wunderfrage – an der Schnittstelle zwischen dem Kieler Beratungsmodell und der Entwicklung zentraler Leadership-Kompetenzen – eine derart bedeutende Wirkung entfaltet, dass sie zur Förderung persönlicher und organisationaler Entwicklung beiträgt.

Leadership-Kompetenz: Visionsfähigkeit

Die Ergebnisse der empirischen Untersuchung zeigen, dass die Wunderfrage einen deutlichen Einfluss auf die Fähigkeit der befragten Führungskräfte hat, klare und überzeugende Visionen zu entwickeln. In Forschungsfrage Nr. 1 ordneten insgesamt zehn von vierzehn Führungskräften dem Einfluss der Wunderfrage in Bezug auf die Entwicklung einer klaren und überzeugenden Vision besondere Bedeutung zu. Die zurückhaltenderen Einschätzungen von vier Führungskräften könnten auf individuelle Erwartungen oder spezifische Anwendungskontexte im Coaching-Prozess zurückzuführen sein, ändern jedoch nichts an der klar erkennbaren Grundtendenz.

Die Untersuchung untermauert die in Sub-Kapitel 2.1.5 postulierte Notwendigkeit, Visionsfähigkeit als Leadership-Kompetenz zu fördern, da sie in Zeiten von Krisen und Risikosituationen entscheidend für wirkungsvolle und konfliktfreie Führung, insbesondere in der generationsübergreifenden Führung, ist.

Die Untersuchung unterstützt auch die in Sub-Kapitel 2.1.3 erwähnte Stärkung der Visionskraft, damit Führungskräfte proaktiv auf zukünftige Herausforderungen reagieren können, insbesondere in der in Sub-Kapitel 2.1.1 beschriebenen VUCA-Welt.

Zudem zeigt sich unter bestimmten Bedingungen ein Potenzial für organisationale Entwicklungsprozesse. Besonders bei Vertreter:innen der Generation Y, die gemäß Sub-Kapitel 2.1.4 die digitale Welt als Paralleluniversum erleben, kann eine Führungskraft mit starker Visionsfähigkeit dazu beitragen, das Bedürfnis nach Veränderungsbereitschaft gezielt aufzugreifen und in wirksame Impulse zu überführen.

Leadership-Kompetenz: Lösungsorientierung

Die Ergebnisse der empirischen Untersuchung zeigen, dass die Wunderfrage auch einen deutlichen Einfluss auf die Lösungsorientierung der befragten Führungskräfte hat. In Forschungsfrage Nr. 3 bewerteten zehn von vierzehn Führungskräften einen starken Fokus auf Lösungsansätze statt auf Probleme als essenziell. Forschungsfrage Nr. 5 bestätigt dieses Ergebnis. Hier gaben neun Führungskräfte an, dass die Wunderfrage in den meisten Fällen zu konkreten Lösungsansätzen führt, bei einer Führungskraft sogar in fast allen Fällen. Auch Forschungsfrage Nr. 6 stützt dieses Bild. Sieben Führungskräfte bewerteten die durch die Wunderfrage gewonnenen Lösungen als eher langfristig wirksam.

Zusätzlich rangiert Lösungsorientierung in Forschungsfrage Nr. 9 als jene Leadership-Kompetenz, die durch die Wunderfrage besonders gestärkt wurde, an der Spitze der Auswahl an Kompetenzen. Die Untersuchung untermauert die Notwendigkeit, Lösungsorientierung als zentrale Leadership-Kompetenz in einer BANI-Welt zu fördern, um die in Sub-Kapitel 2.1.2 beschriebene Fähigkeit, trotz Unberechenbarkeit und Kontrollverlust rasch tragbare Lösungen zu finden, zu stärken. Zudem stützt sie die Aussage des „The Global Risks Report 2025", wie in Sub-Kapitel 2.1.5 dargelegt, dass es nicht nur darum geht, Lösungen zu finden, sondern diese auch aktiv umzusetzen.

Besonders interessant ist die Anschlussfähigkeit zur Generation Y, da sie gemäß Sub-Kapitel 2.1.4 als lösungsorientiert und veränderungsbereit gilt. Die Wunderfrage trifft hier auf eine Haltung, die Veränderungen nicht nur akzeptiert, sondern aktive Mitgestaltung fordert.

Leadership-Kompetenz: Handlungsfähigkeit

Die Ergebnisse der empirischen Untersuchung zeigen, dass die Wunderfrage auch einen deutlichen Einfluss auf die Handlungsfähigkeit der befragten Führungskräfte hat.

Forschungsfrage Nr. 7 zeigt, dass sich der Handlungsdruck bei Führungskräften durch die Wunderfrage reduziert hat. Eine derartige Beobachtung konnte bei den Mitarbeiter:innen nicht gemacht werden, wie Forschungsfrage Nr. 8 ergab. Das könnte darauf zurückzuführen sein, dass Handlungsfähigkeit im generationenübergreifenden Kontext klar zu erkennen ist, wie im Sub-Kapitel 2.1.4 dargestellt. Sie drückt sich in der hochmotivierten Einstellung der Babyboomer:innen, der Zielstrebigkeit der Digital Immigrants, der hochkommunikativen Fähigkeit der Digital Nativs, der vernetzt lebenden Generation Z und der technologisch-kompetenten Generation Alpha aus.

In Forschungsfrage Nr. 9 wurde Handlungsfähigkeit durch die Anwendung der Wunderfrage genannt, jedoch nur mit ungefähr der halben Intensität wie Lösungsorientierung und Visionsfähigkeit. Trotz geringerer Intensität bestätigt dieses Ergebnis die in Sub-Kapitel 2.1.1 und 2.1.2 beschriebene Notwendigkeit, dass Führungskräfte in einer VUCA- und BANI-Welt flexibel agieren und handlungsfähig bleiben müssen.

Persönliche und organisationale Entwicklung

Die gewonnenen Erkenntnisse zeigen, dass die Anwendung der Wunderfrage im Kontext des Kieler Beratungsmodells nicht nur einen bedeutenden Einfluss auf zentrale Leadership-Kompetenzen hat, sondern auch persönliche und organisationale Entwicklungsprozesse fördert.

Forschungsfrage Nr. 4 liefert hierzu einen deutlichen Hinweis: Elf Führungskräfte gaben an, dass sie die Wunderfrage im Kontext der persönlichen Entwicklung nutzen. Auch Forschungsfrage Nr. 7, die nach konkreten Veränderungen nach der Anwendung der Wunderfrage fragte, offenbart bedeutsame Erkenntnisse, die einen Bogen spannen von gesteigerter Zuversicht über mehr Klarheit, erhöhte Motivation und Optimismus bis hin zu reduziertem Handlungsdruck. Aufgefallen ist, dass der reduzierte Handlungsdruck bei den Mitarbeiter:innen der Führungskräfte nicht bemerkt wurde, wie die Erkenntnisse aus Forschungsfrage Nr. 8 zeigen. Ergänzend wurde noch Selbstreflexion, als Voraussetzung zur Führung von anderen, in Forschungsfrage 9 von einer Führungskraft als gestärkte Leadership-Kompetenz nach Anwendung der Wunderfrage genannt. Die genannten Faktoren gelten als wichtige Treiber persönlicher Entwicklung, insbesondere in Zeiten des Wandels.

Die gewonnenen Erkenntnisse lassen auch erkennen, dass die Wunderfrage insbesondere dann organisationale Entwicklungen fördern kann, wenn individuelle Impulse in strukturelle Veränderungen übersetzt werden. Die praktische Relevanz zeigt sich in Forschungsfrage Nr. 2, in der sechs von vierzehn Führungskräften angaben, durch die Anwendung der Wunderfrage ein wenig zur Entwicklung von Organisationen beitragen zu können. Ergänzend dazu nannten in Forschungsfrage Nr. 4 vier Führungskräfte die organisationale Entwicklung explizit als einen Anwendungsbereich für eine Wunderfrage. Weiters zeigt sich die praktische Relevanz in den in Forschungsfrage Nr. 10 gewonnenen Erkenntnissen aus den genannten Beispielen.

<u>Schnittstelle: Wunderfrage - Kieler Modell – Leadership-Kompetenzen in Zeiten des Wandels</u>

Die in dieser Masterthesis durchgeführte Untersuchung leistet einen ersten Beitrag zur Schließung der in Sub-Kapitel 2.2.3 identifizierten Forschungslücke. Dort wurde aufgezeigt, dass bislang keine Erkenntnisse darüber vorliegen, welchen Einfluss die Wunderfrage auf die Entwicklung zentraler Leadership-Kompetenzen in einer VUCA- und BANI-Welt hat und wie sie bei der Krisenbewältigung unterstützt. In Folge fehlte auch jegliche Grundlage, sichtbar zu machen, ob und inwiefern die Wunderfrage – an der Schnittstelle zwischen dem Kieler Beratungsmodell und der Entwicklung zentraler Leadership-Kompetenzen – eine so bedeutende Wirkung entfaltet, dass sie zur Förderung persönlicher und organisationaler Entwicklung beitragen kann.

Durch die empirische Untersuchung konnten praxisnahe Erkenntnisse über den Einfluss der Wunderfrage auf zentrale Leadership-Kompetenzen gewonnen werden, die nun erste

Aussagen über die Wirkung an dieser spezifischen Schnittstelle ermöglichen.

Das Kieler Beratungsmodell basiert auf einem systemisch-lösungsorientierten, zukunftsgerichteten, ziel- und handlungsorientierten sowie ressourcenaktivierenden Ansatz. Es wird in der Coachingpraxis bei unterschiedlichsten Themen in der Führungskräfteentwicklung eingesetzt, insbesondere zur gezielten Entwicklung von Kompetenzen, die sowohl für den beruflichen als auch für den persönlichen Erfolg entscheidend sind. Die Wunderfrage als zentrale Intervention dieses Modells greift diese Grundhaltungen methodisch auf. Sie zielt auf eine lösungsorientierte, zukunftsgerichtete, ziel- und handlungsorientierte sowie ressourcenaktivierende Sichtweise ab und öffnet einen inneren Bildraum, in dem Lösungen nicht nur sichtbar, sondern auch emotional spürbar werden.

Die Ergebnisse dieser Masterthesis zeigen, dass gerade die Kombination aus methodischer Klarheit und innerer Resonanz zur Entwicklung jener Leadership-Kompetenzen beiträgt, die im Kontext einer VUCA- und BANI-Welt als zentral gelten: Visionsfähigkeit, Lösungsorientierung und Handlungsfähigkeit. Durch die Anwendung der Wunderfrage im Rahmen des Kieler Beratungsmodells konnten positive Wirkungen auf alle drei Kompetenzbereiche empirisch belegt werden.

Damit wurde das in dieser Masterthesis formulierte erkenntnisleitende Interesse erstmals sichtbar gemacht – nämlich die Wirkung der Wunderfrage an der Schnittstelle zum Kieler Beratungsmodell und deren Beitrag zur Förderung persönlicher und organisationaler Entwicklung. Diese Erkenntnisse unterstreichen das Potenzial der Wunderfrage als wirkungsvolles

Instrument in der strategischen Entwicklung von Führungskompetenzen in Zeiten des Wandels.

In Summe lässt sich festhalten, dass die Wunderfrage im Kontext des Kieler Beratungsmodells mehr ist als eine einzelne Intervention. Sie hat einen deutlichen Einfluss auf die Visionsfähigkeit, Lösungsorientierung und Handlungsfähigkeit in Zeiten des Wandels, wirkt als Impulsgeber für persönliche Entwicklung und kann, abhängig vom Anwendungskontext, auch organisationale Entwicklungen anstoßen.

3.3 Handlungsempfehlungen und Ausblick

Für die praktische Anwendung ergeben sich folgende Empfehlungen und weiterführende Überlegungen:

Vertiefung der Anwendungskompetenz bei Führungskräften: Externe Aus- und Weiterbildungsangebote für Führungskräfte, die einen fundierten Einblick in die Anwendung der Wunderfrage im Kontext des Kieler Beratungsmodells bieten, sollten gezielt gefördert werden. Diese Angebote sollten nicht nur die theoretischen Grundlagen vermitteln, sondern auch praktische Übungen und Fallstudien beinhalten, um die Kompetenz in der Fragetechnik und deren adaptiven Einsatz in verschiedenen Führungssituationen zu stärken.

Integration in Programme zur Entwicklung von Leadership-Kompetenzen: Eine systematische Integration der Wunderfrage in betriebliche Leadership-Entwicklungsprogramme bietet die Chance, ein innovatives, lösungs- und zukunftsorientiertes Mindset von Beginn an zu fördern und die positive Wirkung der Visionsfähigkeit, Lösungsorientierung und Handlungsfähigkeit als zentrale Leadership-Kompetenzen nachhaltig zu verankern.

Anwendung in spezifischen Veränderungskontexten: Angesichts des Einflusses der Wunderfrage auf Leadership-Kompetenzen in Zeiten des Wandels empfiehlt es sich, Anwendungsleitfäden und Best-Practice-Beispiele aus unterschiedlichen Veränderungskontexten zu erstellen. Die in Forschungsfrage Nr. 10 genannten Beispiele geben hier bereits erste Hinweise.

Förderung der organisationalen Entwicklung durch die Wunderfrage: Da die Ergebnisse der Untersuchung Potenziale für organisationale Entwicklungen zeigen, sollten Formate und Prozesse entwickelt werden, die die Wunderfrage auf dieser Ebene nutzbar machen. Das könnte beispielsweise in strategischen Workshops geschehen, um Zukunftsvisionen zu entwickeln und lösungsorientierte Ansätze für organisationale Herausforderungen zu generieren.

Für die zukünftige Forschung ergeben sich folgende weiterführende potenzielle Forschungsfelder:

Die vorliegende Masterthesis wurde mit vierzehn Führungskräften, die bei Arbeitgebern in Österreich tätig sind, durchgeführt. Zukünftige Forschungen sollten mit mindestens 1.000 Führungskräften aus dem DACH-Raum vorgenommen werden, um repräsentative Aussagen zu erhalten sowie spezifische Besonderheiten und Erfolgsfaktoren zu identifizieren.

Um die nachhaltige Wirkung der Wunderfrage auf die Entwicklung von Leadership-Kompetenzen zu erfassen, wären Studien sinnvoll, die Führungskräfte über einen längeren Zeitraum begleiten und die Veränderung ihrer Kompetenzen dokumentieren.

Die Handlungsempfehlungen und die vorgeschlagenen Forschungsfelder unterstreichen das Potenzial der Wunderfrage im Kontext des Kieler Beratungsmodells als strategisches Instrument in der Führungskräfteentwicklung und in der persönlichen sowie organisationalen Transformation.

4. Quellverzeichnis

Bamberger, Günter G. (2022): Lösungsorientierte Beratung. Praxishandbuch. Weinheim Basel: Programm PVU Psychologie Verlags Union in der Verlagsgruppe Beltz.

Baran, Engin (2018): Employer Branding. Komm zu uns, bleib bei uns, binde dich an uns – so bauen Sie eine starke Arbeitgeber-Marke auf, Wiesbaden: Springer Gabler.

Barsch, Petra / Trachsel, Gabriele (2018): Chefsache Fachkräftesicherung, Wiesbaden: Springer Gabler.

Dahm, Markus H. / Esters, Lukas (2023): Generational Leadership. Mit agilen Arbeitsmethoden die Stärken aller Generationen nutzen. Wiesbaden: Springer Gabler.

Döring, Nicola / Bortz, Jürgen (2016): Forschungsmethoden und Evaluation in den Sozial- und Humanwissenschaften. Heidelberg: Springer-Verlag.

Hargens, Jürgen (2023): Die Wunder-Frage. In: Hargens, Jürgen (Hg.): Lösungen (er-)finden. Das Werkstattbuch der lösungsorientierten Kurztherapie. Band 17. Dortmund: verlag modernes lernen Borgmann GmbH & Co. KG, S. 143 – 179.

Hargens, Jürgen (2023): Lösungen (er-)finden als kooperatives Gespräch: „Führen, indem man einen Schritt zurücktritt". In: Hargens, Jürgen (Hg.): Lösungen (er-)finden. Das Werkstattbuch der lösungsorientierten Kurztherapie. Band

17. Dortmund: verlag modernes lernen Borgmann GmbH & Co. KG, S. 102 – 109.

Kotte, Silja, et al (2016): Der Stand der Coachingforschung: Kernergebnisse der vorliegenden Metaanalysen. In: Organisationsberatung Supervision Coaching (2016): DOI:10.1007/s11613-016-0444-6.

Pfeil, Silko (2017): Werteorientierung und Arbeitgeberwahl im Wandel der Generationen. Eine empirisch fundierte Analyse unter besonderer Berücksichtigung der Generation Y. Wiesbaden: Springer Gabler.

Regele, Doris (2024): Resilienz als (Selbst-)Führungskompetenz. In: Herget, Josef / Strobl, Herbert (Hg.): Unternehmenskultur als Strategie. Eine Orientierung für Führungskräfte. Wiesbaden: Springer Gabler, S. 159 – 178.

Schober-Ehme, Herbert / Ehmer, Susanne (2024): Agile Robustheit – die Unternehmenskultur für volatile Zeiten. In: Herget, Josef / Strobl, Herbert (Hg.): Unternehmenskultur als Strategie. Eine Orientierung für Führungskräfte. Wiesbaden: Springer Gabler, S. 179 – 202.

Strobl, Herbert (2024): Coaching als wirksames Instrument zur Kulturgestaltung in einer VUCA- bzw. BANI-Welt. In: Herget, Josef / Strobl, Herbert (Hg.): Unternehmenskultur als Strategie. Eine Orientierung für Führungskräfte. Wiesbaden: Springer Gabler, S. 253 – 276.

Troger, Hermann (2019): 7 Erfolgsfaktoren für wirksames Personalmanagement. Antworten auf demografische

Entwicklungen und andere Trends; Wiesbaden: Springer Gabler.

World Economic Forum (2025): The Global Risks Report 2025. 20th Edition. Schweiz: ISBN: 978-2-940631-30-8.

Cascio, J. (2020): Facing the Age of Chaos. https://medium.com/@cascio/facing-the-age-of-chaos-b00687b1f51d. 21.04.2025.

E.S.B.A. Was ist Coaching? https://esba.eu/coaching/was-ist-coaching/. 21.04.2025.

Institut für Generationenforschung: Generation Alpha Studie. https://www.generation-thinking.de/post/generation-alpha-studie. 21.04.2025.

Rauen, Christopher, et al (2024): RAUEN Coaching-Marktanalyse 2024. Stand 16.05.2024. https://www.rauen.de/coaching-report/coaching-marktanalyse.html. 21.04.2025.

Stankiewicz, Ula (2023): Wie entwickeln Sie ein lösungsorientiertes Mindset in Ihrem Leben und in Ihrem Team? https://brightinventions.pl/blog/how-to-develop-solution-oriented-mindset-in-your-life-and-in-your-team/. 21.04.2025.

5. Abkürzungsverzeichnis

Abb.	Abbildung
BANI	Brittle, Anxious, Nonlinear, Incomprehensible
bzw.	beziehungsweise
COVID	COrona VIrus Disease
CP	Coaching Protokoll
DOI	Digital Object Identifier
Dr.	Doktor
E.S.B.A	European Systemic Business Academy
et al	et alii (und andere)
GEN	generationsübergreifend
GmbH & Co. KG	Gesellschaft mit beschränkter Haftung und Compagnie Kommanditgesellschaft
ISBN	Internationale Standardbuchnummer
LL.B.	Bachelor of Laws
LL.M.	Master of Laws
MBA	Master of Business Administration
Msc	Master of Science

Nr.	Nummer
S.	Seite
THW	Turnverein Hassee-Winterbek e. V. Kiel
US	United States
Vgl.	Vergleiche
VUCA	Volatility, Uncertainty, Complexity, Ambiguität
z. B.	zum Beispiel
%	Prozent

6. Abbildungsverzeichnis

DU WIRST „ETWAS ANDERES HABEN“!

Wenn du für dich mitnimmst, dass es nur die richtige Frage zur richtigen Zeit braucht, damit du dir vorstellen kannst, dass morgen etwas anderes IST und du etwas anderes HABEN wirst, dann hat meine Untersuchung seinen Zweck erfüllt.

Die Wunderfrage ist für mich eines der unterschätzten Instrumente im Führungsalltag. Sie öffnet einen inneren Bildraum für mehr Kreativität, Klarheit und Zuversicht, für Wachstum und Entwicklung und zukunftsfähige Strukturen.

In meinen Coachings setze ich sie mit großer Überzeugung ein und erlebe immer wieder, wie sie Visionsfähigkeit, Lösungsorientierung und Handlungsfähigkeit stärkt. Die Rückmeldungen meiner Kund:innen bestätigen mir:

Ja – es ist die eine Frage, die alles verändert.

Leadership beginnt nicht mit Antworten, sondern mit der Wunderfrage. Ich würde mich freuen, wenn meine Untersuchung dich inspiriert hat, die Wunderfrage selbst einzusetzen.

Danke, dass du dir Zeit genommen hast, dieses Buch zu lesen. Ich wünsche dir Mut und Vertrauen auf deinem eigenen Weg.

Wenn du ein Anliegen hast und die Wunderfrage in einem Coaching ausprobieren möchtest, freue ich mich, wenn du mich kontaktierst : https://regina-braunsteiner.com/coaching/.

DIE AUTORIN

Die Autorin ist eine inspirierende Persönlichkeit. Ihr Weg zeichnet sich durch Disziplin, Ehrlichkeit und Ausdauer aus. Sie hat mehrere Universitätsabschlüsse und Diplome. Als Führungskraft, Mitglied eines Management Boards, Verwaltungsrätin sowie Business Coach und Trainerin hat sie umfangreiche Erfahrungen gesammelt und eine beeindruckende Karriere gemacht. Ihre Leidenschaft für lebenslanges Lernen und ihre vielfältigen Talente nutzt sie auch, um Bücher zu schreiben. Durch ihre Werke möchte sie ihr Wissen weitergeben und Menschen ermutigen, neugierig und offen zu sein, sich große Ziele zu setzen und Träume zu verwirklichen.